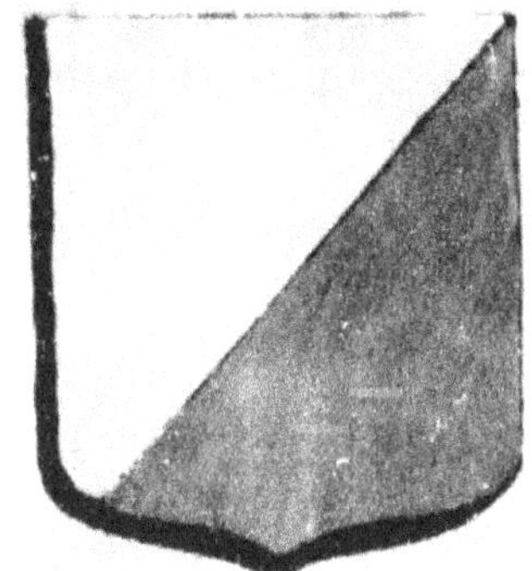

SOCIÉTÉ

DES

ARTISTES INDÉPENDANTS

PEINTRES, SCULPTEURS

GRAVEURS, DESSINATEURS ET ARCHITECTES

Fondée le 11 Juin 1884

(Statuts déposés chez Me COURSAULT, Notaire à Montmorency)

CATALOGUE

DES ŒUVRES EXPOSÉES

Prix : 50 Centimes

1892

1892

8me EXPOSITION

PAVILLON DE LA VILLE DE PARIS

(Champs-Élysées)

DU 19 MARS AU 27 AVRIL

de 9 heures à 6 heures

IMPRIMERIE H. CHÉREST
[illegible]ue Lafayette, Paris

DUBOIS-PILLET

Membre fondateur, décédé le 17 Août 1890

COMITÉ

Président : VALTON, avenue Parmentier, 131.

Vice-Président : DAVRIGNY 76, rue de Passy.

Vice-Président : TESSIER, 66 *bis*, rue Spontini

Secrétaire : CONTREPOIDS, 33, rue du Faubourg-Montmartre.

Secrétaire : GOUBOT, 6, rue de la Tour-d'Auvergne.

Trésorier : SERENDAT DE BELZIM 31, av. de Villiers.

Membres :

ALBERT, 3, rue Alfred-Stevens.
D'ARGENCE, 21, rue St-Ferdinand.
CAILLAUD, 3 *bis*, impasse du Maine.
DUVAL-GOZLAN, 41, rue de la Tour-d'Auvergne.
GUÉRIN DES LONGRAIS, 174, Faubourg St-Denis.
GUILLAUMIN, 8, rue Garancière.
JAUDIN, 120, avenue de Villiers.
LASELLAZ, 23, boulevard Gouvion-St-Cyr.
LUCE, 6, rue Cortot.
MONIER, 12, rue des Artistes.
OSBERT, 9, rue Alain Chartier.
SIGNAC, 15, impasse Hélène.
DE TOULOUSE-LAUTREC, 27, rue Caulaincourt.
TRAVERS, 18, rue de Chabrol.

La Société des Artistes Indépendants, basée sur la suppression des Jury d'admission, a pour but de permettre aux Artistes de présenter librement leurs œuvres au jugement du public.

DÉSIGNATION (1)

ALBERT, Adolphe, né à Paris. — 3, rue Alfred-Stevens.

***1** Etude.
***2** Les blés en Normandie.
***3** Les Saules.
***4** Vernon (Eure).
***5** La Prairie à Heurgival.
***6** Tête d'étude.
7 Tête d'étude.
***8** Après la séance.
***9** Dessin à la sanguine.

ALFRED LE PETIT, Achille-Alexandre, né à Aumale (Seine-et-Inférieure). — 12, rue de Courcelles, Levallois.

10 Ma tante est morte.
11 J'hérite de ça.

(1) L'astérique placé à côté des numéros indique les œuvres à vendre.

On peut se procurer, au Secrétariat de l'Exposition tous les renseignements nécessaires à l'achat des ouvrages, prix des œuvres et adresses des auteurs.

12 Portrait.
13 Un photographe à Neufchatel-en-Braye (Seine-Inférieure).
14 Un mendiant (Normandie).
15 Étude.
16 Étude.
17 Étude.
18 Le dernier-né.
19 Étude.

AMBROSELLI, Léon, né à Paris. — 7, rue Chabanais.

20 La plaine aux Gabillons.
21 Soir d'automne.
22 Brume matinale.
23 L'île de la Ferme.
24 Crépuscule.
25 Matin de septembre.

ANGRAND, Charles. — 45, boulevard des Batignolles Paris.

26 L'âtre. Crayon.
27 Le dîner. Crayon.
28 Le berger. Crayon.
29 Le chien.
30 L'âne.
31 La neige.
32 Le soir.

ANQUETIN, Louis. — 62, rue de Rome.

33 Dos. Pastel.
34 Paysage.

35 Portrait.
36 Étude.
37 Paysage.
38 Rue (Soir).
39 Torse. Pastel.
40 Rue. Pastel.
41 Portrait de Bernard-Lazare.
42 Étude. Pastel.

ARGENCE (d'), Eugène, né à Paris. — 21, Rue Saint-Ferdinand.

43 Nuit étoilée. Paysage.
44 Le soir.
45 Vue prise à Saint-Jean.
46 Le hameau Raymond.
47 Dernières lueurs.
48 Le chemin Vauville.
49 Beau temps.
50 Hameau de Fréval.
51 La falaise (Tréport).
52 Le chemin de la mer.

ARTHUS, Albert, né à Paris. — 81, rue Taitbout.

53 Arrivée sur rade à Algesiras (Espagne).
54 Étang de Naphte (Basse Russie). (Effet du matin.
55 La malle de Barcelone en vue de Port-Mahon. (Coucher de soleil, automne.)

AUTHIER (Mlle), Henriette, née à Moulins (Allier). — 7, rue de l'Oiseau, Moulins.

*56 Un coin d'atelier (le jour du modèle vivant).
*57 Calendrier de Flore, Avril.

BAHUET, Alfred-Louis, né à Paris. — 61, rue Monsieur-le-Prince.

58 L'ami Colas chez lui. (Appartient à M. L. G.)
*59 Les bords de l'Yerres, à Jarcy.
*60 Au bord de l'eau.
*61 Les bords de l'Yerres.
*62 Souvenirs de voyage. Nieuwendom (environs d'Amsterdam).
*63 Dordrecht.
*64 Vue du fort Saint-Ange (Rome).
65 Environs de Rome. Vue du Tibre. Appartient à l'auteur.
*66 Vue du pont de Boussy-St-Antoine.

BARABANDY, Richard, né à Milan (Italie). — 34, boulevard de Clichy, Paris.

67 La Seine, au Point-du-Jour.
68 Plaine, à Bouffemont (Seine-et-Oise).
69 La Sèvres, à Niort.
70 Ile-de-Ré (St-Martin).
71 Nature morte.
72 En vain !

BARBIER, Ernest, né à Chartres. — 131, rue de Fontenay, Vincennes.

*73 Fleurs et Fruits.
*74 Fleurs.
*75 Fleurs et Fruits.

BARON (Mme), Hélène (Française). — Villa Sainte-Rose, Petit-Juas, Cannes.

76 *Campagna* de Rome.

BASTON, Alexandre, né à Paris. — Luzarches.

*77 Soleil levant.
*78 Le père Duponnois.

BATTAGLIA, Matteo, né à Nice. — 5, rue Bernard-Palissy, Paris.

79 Les Roses. Panneau décoratif.
80 Les Iris. Panneau décoratif.
81 Les Coquelicots (étude). Appartient à M. Leplé.
82 Coin de Jardin. Etude.

BAUQUIER, Jules, né à Paris. — 26, rue du Roi-de-Sicile.

83 Ma mère. Portrait.
84 Portrait de M. Dubourg.

BELLANGER, Auguste, né à Villette (Seine-et-Oise). — 7, rue Denfert-Rochereau, Paris.

85 La Communiante malade.
86 Portrait de mon ami F. D...

BENOIST, Théophile-Maximilien, né à Paris. — 44, Passage des Thermopyles.

***87** Le pont de la Barque (Haute-Saône).
***88** Poulet.
***89** Chemin à Vrégille (Doubs).
***90** Nature morte.
***91** Clerval, sur le Doubs.
***92** Ferme à Clamart.
***93** Hauteur de l'Hay.

BERCIOUX, Jean-Charles, né à Paris. — 51 *bis*, rue Cler.

94 Chrysanthèmes.
95 Pensées.
96 Lys.
97 Roses trémières.

BERNARD, Emile-Henry, né à Lille-en-Flandre. — 5, avenue Beaulieu, Asnières.

98 Pardon à Pont-Aven (1888).
99 Moissonneurs de blé noir. Pont-Aven 1888.
100 Marché breton. Pont-Aven (1888).
101 Printemps à (St-Brion. 1888).
102 Nature morte (1890).
103 La Ville Estoir, en St-Briac (1891),

104 Ile de la Grande-Jatte (1890).
105 La mer sauvage, St-Briac (1891).
106 Moisson au bord de la mer (1891).

BERNARD, Lucien-Saint-Fargeau-Eugène, né à Paris. — 28, rue du Lycée, Sceaux (Seine).

107 Cascade aux Vaux de Cernay. (Appartient à Mme B.)
***108** Marine.
***109** Tombée du jour à Bagneux (Seine).
110 Nature morte. (Appartient à M. de Ch.)
***111** Oignons. Nature morte.
***112** Pommes de terre. Nature morte.

BERTHIER, Paul, né à Paris. — 13, rue Bonaparte.

113 Près du Sarthon.
114 Sur les bords de la Sarthe.
115 Intérieur.
116 Moulin du père Baptiste.
117 Etude.

BERTIE (Mlle), Fanny, née à Londres. — 47, rue Laugier, Paris.

118 Five o'cloch dans l'atelier.
119 Clown étudiant.

BESSET, Cyrille, né à Saint-Sernin-du-Plain (Saône-et-Loire. — Villa Lucie, Nice.

***120** Bibelots.
***121** Poisson.

*122 Bibelots orientaux.
*123 Envoi de pommes.

BESNUS, Georges, né à Paris. — 8, rue Notre-Dame-des-Champs.

124 Étude de figure au soleil.
125 Une Parisienne.
126 La mare de Guinettes à Étampes.
127 En vue du cap Matifou à Alger.
128 Les bords du Loing à Grès.
129 La plage de Mustapha à Alger.
130 Le Loing à Grès.
131 Près du pont de Grès.
132 Le bois de Bouraine au pont de pierre à Étampes.
133 Ciel d'orage à Mortefontaine.

BIDERMANN, Jean, né à l'Ile Bourbon. — 32, rue de Cléry, Paris.

*134 Portrait.
*135 L'Offrande du jongleur.
*136 Croquis d'Algérie. (De Colea à Blidah).
*137 Souvenir de 1870 à Bry-sur-Marne.
*138 Rue Poissonnière.
*139 Mon petit coin.
*140 Les Préliminaires.
*141 Fleurs.
*142 La Veillée.
*143 Croquis nocturne.

BLANMANGIN, Paul, né à Paris. — 2, Place de Bitche.

*144 St-Etienne-du-Mont.

***145** Pont St-Michel, soir.
***146** Palais de Justice, soir.
***147** Les Halles de Paris, après midi.
***148** Le Moulin-Rouge.
***149** Église de Veselay, (Bourgogne).
***150** Suresnes.
***151** Pont des St-Pères.
***152** Iles St-Denis, matin.
***153** Iles St-Denis, matin.

BOCH (Mlle), Anna, née à Bruxelles. — 2, avenue de laToison d'or (Bruxelles).

154 Le retour de la pêche.
155 Arc-en-ciel.
156 Soir.
157 Soir.
158 Marée haute.
159 Les barques.
160 Intérieur.

BOISTEL, Léo, né à Dieupentale (Tarn-et-Garonne). — Dieupentale.

***161** Raralau.

BOITELET, (Mlle) Marie-Louise, née à Guéret. — 34, rue Fontaine, Paris.

162 Les Malavaux, près Vichy (Allier).
163 Fleurs.

BONNAFFÉ, Jules, né à Bordeaux (Gironde). — 52, avenue du Roule, Neuilly-sur-Seine.

164 A quand ? Petite statuette, plâtre.

165 Le père Noel. Buste, terre cuite.
166 Buste de Geuseux, terre cuite.

BONNARD, Pierre, né à Paris. — 28, rue Pigalle.

167 Portrait. Appartient à Mme M.
168 Paysage de soir. Appartient à Mme R.
169 Étude de coq.
170 Déjeuner.
171 Caniches.
172 Intérieur.
173 Crépuscule.

BOU-CHAKOUR, Marc, né à Paris. — Le Puy (Hte-Lre).

174 Distraite.
*175 Fleurs en pots.
*176 Foins en fleurs. Étude.
177 Fantaisie.
*178 Étude.

BOUDIER (Mme), Jeanne, née à Paris, 16, rue Jeanne-Hachette.

179 Portraits. Miniature.

BOURDAIS (Mlle), Julienne, née à Poissy (Seine-et-Oise).

180 Portrait.
181 Nature morte.
182 Fruits.

BOUSSENOT, Fernand, né à Paris. — 5, rue Lincoln.

*183 Temps gris.
*184 Farniente.

BOUVET, Henry-Marius-Camille, né à Lyon. — 75, avenue de Wagram.

*185 Les laveuses.
*186 Les usines de M. Fougerol, aux Ollières (Ardèche).
*187 Le verger.
*188 Un coin d'atelier (Pastel).
*189 Le champ de blé noir.
*190 Une ferme dans l'Isère.
*191 La route de Privas à Vernont aux Ollières (Ardèche).
*192 Les bords de l'Hérieux, aux Ollières (Ardèche).
*193 Rochers dans l'Hérieux, aux Ollières (Ardèche).
*194 Le quai des Brotteaux à Lyon.

BRANDT, Pierre, né à Paris. — A l'Ile Saint-Denis.

195 Amont.
196 Aval.
197 Villeneuve-la-Garenne.
198 Berge.
199 Parc Monceau.
200 Buttes Chaumont.
201 Coupe de bois dans l'Ile Saint-Denis.

BRESSANT, Paul, né à la Basse-Terre (Guadeloupe). — 174, avenue du Maine.

202 Le Soir.

BRION, Paul, né à Paris. — 135, boulevard Saint-Michel.

203 Portrait.

BROC, François, né à Nîmes (Gard). — 18, rue de l'Orient, Paris.

204 Hier.
205 Aujourd'hui.
206 Demain.
207 La Force.
208 La Nuit.
209 Le Jour.
210 Le Droit.

BROU de P. C., Prosper, né à Brou (Eure-et-Loir. — 15, rue du Faubourg-Montmartre, Paris.

211 Bois des Hautes-Bruyères.
212 Paysage.
213 Bois de Boulogne.
214 Œillets.

BROUSCH, Jean, né à Paris. — 54, rue de Rome.

215 Bords de Seine (Colombes).

BRUNET, Eugène, né à Sarcelles (Seine-et-Oise). — 59, rue d'Amsterdam.

216 Village de Sorques.
217 Le canal à Episy.
218 L'écluse du canal à Episy.

219 Le Loing à Sorques.
220 Un coin à Episy.
221 Le Loing à Episy.

BURAT, Alice (Marie-Elisabeth), née à Paris. — 8, place du Palais-Bourbon.

222 Dessin à la plume, d'après un paysage de Zuccarelli.
223 Rendez-Vous de chasse. Dessin à la plume.
224 Après le bombardement. Dessin à la plume d'après photographie.
225 Un dessous de bois. Dessin à la plume.

CARRAZ, Emile, né à Paris. — 100, rue du Goulet, à Noisy-le-Sec.

*226 Ferme de Bouey.
*227 Rivière des Prêtres (Charenton).
*228 Gorge aux Loups (Fusain).

CASAS, Ramon, né à Barcelone (Espagne). — 3, rue Girardon, Paris.

*229 Una Corrida.
*230 Au Moulin de la Galette.
*231 San Pere de Rindebilles.
*232 Route de Barcelone.
*233 Vallcarca.
*234 Toilette.
*235 Etude.

CAULLET, Henri, né à La Rochelle. — 17, rue Rémilly, Versailles.

236 Rade de la Rochelle.
237 Parc de Rambouillet. Étude.

CAVALLO PEDUZZI, Émile-Gustave, né à Paris. — 22, rue Marcheret, à Lagny-sur-Marne.

***238** Enfance de Perrinace (Vitrail).
***239** Matinée d'automne.
***240** Bouquet.
***241** Septembre.
242 Portrait de Mme E. N...
243 Portrait de Mme C. N...
***244** Aquarelles.
***245** Eau-forte.
***246** Le Bûcheron. Sculpture.

CHARBONNIER, Paul, né à Nancy. — 9, rue Monsieur-le-Prince, Paris.

***247** Marabout de Sidi Yakoub à Blidah (Algérie).
***248** Coin de campagne (environs d'Alger).

CHARMOILLE, André, né à Besançon (Doubs). — 13, rue des Halles, Paris.

249 Portrait de M. E. C. (Appartient à M. E. C.)
***250** Jeune fille. Etude.
***251** Un coin de Saint-Germain-l'Auxerrois.
***252** Une source à sec, à Gometz-le-Chatel (Seine-et-Oise).

*253 Etudes de vaches.
*254 Le quai de la Tournelle.
*255 Le *Mabel* et le port Saint-Nicolas.
*256 Le petit bras de la Seine et le Pont-Neuf.
*257 Saint-Germain-l'Auxerrois. Matinée de novembre.

CHARPENTIER, Paul-Alfred-Marius, né à St-Gervais (Isère). — Aux Requêtes, près Alençon (Orne).

*258 Marée basse (Calvados).
*259 Le Soir dans l'Orne.

CHATELLIER, Charles-Edouard, né à Lisieux (Calvados). — 5, rue Jaillot, La Rochelle.

*260 Environs de La Rochelle.
*261 Bord de côte au Croisic.

CHAVAGNAT (Mlle), Antoinette, née à Rouen (Seine-Inférieure). — 11, rue Chanzy, Nanterre (Seine).

*262 Fleurs de printemps. Aquarelle.
*263 Bégonias. Aquarelle.
*264 Fantaisie orientale.
*265 Roses (plat).

CHEILLEY (Mlle), Jeanne, née à Londres (Angleterre), de parents français. — 10, rue Notre-Dame-de-Lorette, Paris.

266 Portrait de M. Richard-Ed-M... (Appartient à Mme Richard-Ed-M...

267 Ramasseuses de bois (Étude d'hiver). Aquarelle.
268 Retour de l'herbe. Étude.
269 Azalées. Aquarelle.

CHÉRÉMÉTEW, Basile, né à Moscou. — 71, rue de la Faisanderie.

270 Soirée d'hiver en Russie.

CHEVALIER, Ernest-Jean, né à La Rochelle. —55, rue Rennequin, Paris.

*271 Le Calme. Marine.
*272 Le port de la Chambre, Ile-Bréhat.
*273 La Baie de Bréhat. Marine.
*274 Etude dans le port de la Rochelle.
*275 Le Phare du Paon (Bréhat).
*276 Quatre études dans Paris.
*277 Les Patineurs.
*278 Mer basse à Fouras.
*279 Au soleil. Etude.
*280 Etude à la Grande-Jatte

CHEVALLIER, Henri, né à Lyon. — 35, rue de l'Enfance, Paris.

281 Bergerie à la Grande-Chartreuse (Isère).
282 Paysage de Rossillon (Ain).

CHEVALLIER, Léon-Pierre, né à Sablé (Sarthe). — 143, avenue de Neuilly, Neuilly-sur-Seine.

283 Portrait de Mlle X..

CLARIS, Gaston, né à Montpellier (Hérault). — 46, rue Chaptal, Levallois-Perret (Seine).

*284 Le jardin du capitaine.
*285 Le billet de logement.

CLAUDON, Roger, né à Paris. — 26, rue Bréda.

286 Jardin potager.
287 Arroseur. Etude.
288 Le Drochon. Panneau décoratif.
289 Au bord de la rivière. Pastel.
290 Sur l'eau.

CLOUET, Maurice, né à Paris. — Bois-Colombes, 7, rue des Carbonnets.

291 Souvenir.
292 Portrait.

COLAS, Louis-Auguste, né à Gouville (Manche). — 74-76, rue J.-J. Rousseau,

293 Etude, aquarelle. Mlle X...

COMBLE, Paul, né à Vitry-le-Croisé (Aube).

294 Un ruisseau des Vaux de Cernay.
295 Village de Cernay en 86.
296 Mare près l'hôtel des Cascades. (Vallée de Cernay).
297 Casino et Château de Dieppe.
298 Héron de l'année et Vanneaux.
299 Bout de verger à Cernay.
300 Eglise de Cernay.

CORMIER, Emilie, née à Paris. — 15, quai Bourbon.

*301 Soleil couchant sur la mer.
*302 Hangar normand.

CORONT, Joseph, né à Vanose (Ardèche). — 9, rue de Tournon, Paris.

*303 Sous bois.
*304 Sous bois de sapins, dans les Cévennes.
*305 Sous bois.
*306 Chemin du Vernet (Haut-Vivarais).
*307 Effet d'automne.
*308 Environs de St-Etienne (Loire).
*309 Pêches et Prunes.

CROSS, Henri-Edmond, né à Douai. — 18, rue de Siam, Paris.

310 Croquis.
311 Plage de la Vignasse.
312 Plage de Baigne-Cul.
313 Pointe de la Galère.
314 Calanque des Antibois.
315 Courses de taureaux, à Paris. (Appartient à Mme Bertout).
316 Les Vendanges (Var).

CUVILLIER, Eugène Henri, né à Paris. — 11 *bis*, rue de Moscou.

317 Retournemer (Vosges).
318 Baigneuse.

DAGNAUX, Albert, né à Paris. — 50, rue St-Didier.

319 La route. Pastel.
320 Brouillard du matin sur la Creuse. Paste.
321 Souvenir du 14 juillet. Pastel.
322 Femme brune. Pastel.
323 Femme blonde. Pastel.
324 Femme rousse. Pastel.
325 Matinée de soleil en Normandie.
326 Environs de St-Lô.
327 Cormeilles, en Vexin.
328 Bergère et son chien. Pastel.

DANIEL-MONFREID, George, né à Paris. — 31, rue Saint-Placide.

***329** Chaumière à Vareilles (Lozère).
***330** Les Moissons en Cerdagne. Appartient à M. M. de P.
***331** Village en Cerdagne.
***332** Etude de figure.
***333** Le Pays d'Apcher (Lozère).
***334** Portrait.

DAVRIGNY, Joseph, né à Paris. — 76, rue de Passy.

***335** Enfin, seul !
***336** Au vieux parc de Saint-Cloud. Fusain.

DEBRAY, Eugène-Frédéric, né à Paris, — 35, rue St-James, Neuilly.

337 Effet de Neige. Etude.

DEGUERNE, Louis, né à Fleuré, par Écouché (Orne). — 32, rue de la Fontaine, Cherbourg et à Fleuré par Écouché (Orne).

*338 Le fort du Roule dans la brume, effet de matin, fin d'automne.

DELACOUR, Hippolyte, né à Paris. — Villeneuve-la-Garenne (Seine).

*339 Le Vaux-Fleuri, à Granville (Manche).
*340 A Marée basse dans l'avant-port de Granville (Manche).
*341 Le fort de la place Pléville, sur le port de Granville.
*342 La Falaise du Fourneau, près Saint-Pair (Manche).
*343 La rue de Paris, à Granville (Manche).
*344 A Saint-Nicolas, près Granville (Manche).
*345 Navire en construction, à Villeneuve-la-Garenne (Seine).
*346 Brick sur la Loire, dans Nantes.
*347 Falaises de Donville, près Granville (Manche).

DE LAUNAY, Auguste, né à Paris. — 70, rue Daguerre.

348 Plage normande.

DELAURIER, Albert-Melchior, né à Gournay-en-Bray (Seine-Inférieure). — Chevagnes (Allier).

349 Avant la Fantasia.

DENIS, Maurice, né à Granville. — 9, rue des Écuyers, à Saint-Germain-en-Laye.

350 Le mystère de Pâques.
351 Sujet poétique (quatre panneaux pour la décoration d'une chambre de jeune fille).
352 Avril.
353 Juillet.
354 Septembre.
355 Octobre.
356 Portrait dans un décor de soir.
357 Les fiancées.
358 Sur fond de brume.
359 Stella Matutina, mosaïque de marbre (exécutée par M. L. Provost).

DERONDEL (Mlle), Marie, née à Bourg-la-Reine (Seine) — 92, rue de la Mare, Paris.

360 Etude de vieille paysanne.

DESCHAMPS, Frédéric, né à Henrichemont. — Impasse du Maine, 18, Paris.

361 Souvenir de Montargis.
362 Sous bois, automne.
363 Cimetière.
364 Chemin en Berry.
365 Tannerie à Montargis.
366 Le Puiseaux à Montargis.
367 La pêcherie à Montargis.

DESLIENS (Mlle), Marie, née à Chavenon (Allier). — 7, rue de Vaugirard, Paris.

***368** Jeune fille. Portrait.
***369** Portrait de M. B...
***370** Jeune pierrot.
***371** L'Hiver en Bourbonnais.

DESPERELLE, né à Dupérelle. — 4, rue Debrousse, Paris.

372 Montmartre, à Orsay (Seine-et-Oise).
373 Le chemin du Guichet, à Lozère (Seine-et-Oise).

DESTABLE, Frédéric, né à Rethel (Ardennes(. — 3, rue des Coutures-St-Gervais, Paris.

374 Pont sur la Cure, à Arcy (Yonne).
375 Bouquet d'aquarelles en trompe-l'œil.

DEZOBRY, Arthur-Louis-Henri, né à Montmorency (Seine-et-Oise). — 10 *bis*, rue de Grétry, Montmorency.

***376** L'allée de la Croix-Blanche.
***377** Le vallon de Mouxy (Savoie).
***378** La clairière de Saint-Prix.

DOUTRELEAU (Mme), d'Anistrinck-Agathe, née au château de la Vieuville (Ille-et-Vilaine). — 6, passage Nollet, Paris.

379 Pâtres en hiver.
380 L'hirondelle.

DUFFAU, Pierre, né à Villeneuve-sur-Lot. — Castel Farèse, Villeneuve-sur-Lot.

381 Portrait.
***382** Buveur de bière.

DUFOUR, Eljis, né à Mussy-sur-Seine (Aube).

383 Taureau furieux dans les prairies du Perche (Orne).
384 Le soir, départ du troupeau (vaches) prairies du Berri.
385 Vaches dans la prairie du Moulin des Filles (Berri).
386 Troupeau de vaches traversant l'étang de Villeneuve (Berri).
387 La Bergère de la ferme des Ménardières (Sologne).
388 Pacage de Sologne au coucher du soleil.
389 Les feux follets. (Béranger.

Un soir, j'avais douze ans à peine,
Egaré, couvert de sueur,
Je vois de loin cette lueur.
C'est la lampe de ma marraine
Chez elle un gâteau m'attendant
Je cours, je cours, l'âme ravie
Un berger me crie imprudent
La lumière par toi suivie
Eclaire un bal de trépassés.
Ainsi devait s'user ma vie
Follets dansez, dansez, dansez.

390 Troupeau de moutons rentrant à la Bergerie. Dessin à la plume.
391 Moutons égarés. Dessin à la plume.

DULAC, Charles, né à Paris. — 61, rue Lepic.

392 Effet de neige. Clair de lune.
393 Dégel.
***394** Neige à Montmartre.
***395** Quai des Célestins.
***396** Effet de Neige. Crépuscule.
***397** Cour du Cloître. (Vézelay).
***398** Coin de cheminée.
***399** Givre.
***400** Etude sur la Morlande. (Avallon).
***401** Baie des Trépassés.

DUMONT, Henri-Julien, né à Beauvais (Oise). — 75, boulevard de Clichy, Paris.

402 Dans la glace.
403 Etude.
404 Pivoines.

DUMOULIN (Mlle), Alexandrine-Jenny, née à Paris, 5, rue d'Alsace (gare de l'Est).

***405** Vase de fleurs (d'après nature), faïence.
***406** Fuchsia (d'après nature), porcelaine.

DUQUENNE, Charles-Aphonse, né à Paris. — 2, allée de Longchamps, Perreux.

407 Fleurs.
408 Fleurs.
409 Fleurs.
410 Fleurs.

DURANT, Georges, né à Paris. — 4, rue Le Goff.

411 Petite étude.

412 La route du Bois-Bonnet, à Maisons-Laffitte.

DURAY, Emile-Arthur-François, né à Bruxelles. — 6, rue de l'Abbaye, Paris.

***413** Au Tombeau de Sainte-Geneviève.

DURENNE, Eugène, né à Paris. — 15, avenue H. Regnault, Sèvres (Seine-et-Oise).

***414** Tournant de rivière.
***415** Route au soleil
***416** Lecture de la Bible.
***417** Soleil couchant sur les bruyères.
***418** Intérieur à la campagne.

DUVAL-GOZLAN, Léon, né à Paris. — 41, rue de la Tour-d'Auvergne.

419 Faneuse.
419 bis Sur les hauteurs près Vernon. (Vallée de la Seine).
420 La Petite Fermière.
421 En face le Hâvre.
422 La Poterie.
423 Coin des Graves (Villerville).
424 Harmonie bleue (Pastel).
425 Fillette. Pastel.
426 Belle journée (Villerville).
427 Source dans les Graves (Villerville).

ENGEL, José, né à Joinville-le-Pont. — 31, rue Victor-Massé, Paris.

428 Les Enfants. Frise décorative.
429 Les Enfants. Id.
430 Les Enfants. Id.

431 Viottes d'Avoine. Etude.
432 Etude.
433 Le Père Stallin. Etude.
434 Soir. Etude d'intérieur.
435 Le vieux berger. Etude.
436 Georges. Etude.
437 La mère Bon Dieu Etude.

ESPAGNAT (d'), Georges, né à Melun. — 30, rue de Saint-Pétersbourg.

438 Portrait de M. Joseph d'E...
439 Portrait de M. Georges d'E...
440 Etude de Femme.
441 Le Repos.

ESPINET (Mme), Caroline, née à Lyon (Rhône). — rue Amiral-Courbet, Lorient (Morbihan).

***442** Francine. Paysage, à Quiberon.
***443** Cour de ferme à Quiberon. Paysage, marine.
***444** Train de bois. Marine.
***445** Lorient. Port de commerce.

FAUCHÉ, Léon, né à Briey. — 6, rue Nouvelle, Montparnasse.

***446** Paysan, profil.
***447** Nature morte.
***448** Profil de vieille.
***449** Pauvre homme.
***450** Fleurs.
***451** Le Soir.

***452** Paysan au sac.
***453** Paysan (vu de dos).
***454** Paysage vert.
***455** Paysage bleu.

FLEURY, Emile, né à Nîmes (Gard). — 139, rue Jules-Lecesne, Hâvre (Seine-Inférieure).

***456** Au pâturage (en Normandie le matin). Aquarelle.
***457** La moisson (Alsace). Aquarelle.
***458** Lilas.
***459** Dans la mansarde.
***460** Jeanne d'Arc adolescente, écoutant ses premières voix.
***461** Orpheline.
***462** Une distraction.

FOLEY, Saint-Elme, né à Paris. — Andrésy (Seine et-Oise).

463 Portrait.
464 Paysage. Etude.
465 Etude.
466 Etude. Paysage.
467 Etude. Paysage.
468 Etude. Paysage.

FUCHS, Gustave-Louis-Joseph, né à Paris. — 18, rue de Chabrol.

***469** Paysage (Bretagne).

FULLER, David-Thomas-Scott, né à Virginie (Etats-Unis). — 24, rue, Pigalle, Paris.

470 Un Compte à règler.

471 Souffle nord-est.
472 Le Dernier

GACHET, Paul, né à Lille (Nord). — 78, faubourg Saint-Denis, Paris.

473 Lys rouges.
474 Vieille route, à Auvers-sur-Oise (Seine-et-Oise).
475 Gelée blanche (Seine-et-Oise).
476 L'automne, à Auvers-sur-Oise. Pastel.
477 Portrait inédit de Monticelli. Eau forte.

GARNOT, Georges-Sainte-Fare, né à Paris. — 23, rue Saint-Pétersbourg.

*478 Saint-Ouen, à la pointe de l'île.
479 Une rue à Saint-Ouen, matin d'hiver.
*480 L'île, au Pecq.
*481 Chemin de halage, au Vésinet.
*482 Au Bas-Meudon, printemps.
483 Pochades.
484 Pochades.

GAUSSON, Léo, né à Lagny (Seine-et-Marne). — rue St-Paul, Lagny.

485 Premier soleil.
486 La plaine.
487 Au temps de la Canicule.
488 Temps morne. Esquisse.
489 Après midi d'été.
490 La verdure.
491 La brume.

492 Coin de village.
493 Berénice.
494 Roderick Usher.

GAUZI, François, né à Fronton. — 7, rue Tourlaque, Paris.

495 Portraits.
***496** Femme à sa toilette.
***497** Au jardin.
498 Le déjeuner.
499 Profil.

GÉRARD (Mlle), Gabrielle née à Vincennes. — 25, rue de Penthièvre.

500 Portrait de Mlle Renée P...
501 Tête d'enfant. Pastel.
502 Pierre et son clown.
503 Enfant de chœur. Etude.

GIBAUT, Maxime, né à Bois-le-Roi (Seine-et-Marne). — Bois-le-Roi.

504 Pommes d'api.
505 Roses.

GILMER, François, né à Paris. — 2, rue Casimir-Pinel, Neuilly.

***506** Le lac d'Enghien.
***507** La Seine à Neuilly.
***508** Vue du pont de Neuilly.
***509** Lièvres et Perdrix. Nature morte.
***510** Raisin et Brioche. Nature morte.
***511** Petit lac du Nord, à Enghien.
***512** Un coin du bois de Boulogne.

GIRAN, Emile-Ernest, né à Montpellier. — 5, rue d'Angoulême, Paris.

*513 Portrait.
*514 Le lac Robinson, à Amiens (Somme).
*515 Nature morte. Pastel.
516 Portrait.
517 Portrait du Capitaine C...

GIRAN-MAX, né à Paris. — 5, rue d'Angoulême.

*518 Le pêcheur.
*519 Vue de Beauvoisin (Gard).
*520 Paysage (Pontoise).
*521 Bords de l'Oise, matin.
*522 Petit jardin.
*523 Soleil d'hiver.
*524 Oliviers.
*525 Oliviers (étude).
526 Route du moulin, à Beauvoisin. (Appartient à M. E. Durand).
*527 Les vieux moulins, à Beauvoisin (Gard).

GIVRY, Pierre-Paul-Joseph, né à Saint-Laurent-lès-Mâcon. — 11, rue de Châteaubriand.

528 Le Matin à Siauville (Manche). Mer basse.
529 La mer à Réville (Manche).
530 A Saint-Vaast-la-Hougue (Manche).
531 Hennequeville (Calvados). Aquarelle.
532 Quai de Javel (Paris).
533 Landes à Taverny (Seine-et-Oise).
534 Port de Saint-Vaast-la-Hougue (Manche).

GODIN, Remi, né à Reims (Marne). — 6, villa Petit, Nanterre.

535 Carrières de Nanterre et des environs.
536 Dans les carrières à Nanterre.

GONDREXON, Paul, né à Charleville. — 10, rue des Ecoles.

*537 Un Accident.
*538 Un Limeur.
*539 Premiers Rayons. Paysage.
*540 Solitude. Paysage.
*541 Matin de juin. Paysage.
*542 Sous Bois. Paysage.
*543 Sous Bois. Paysage.

GORLIN, Eugène, né à Clermont (Oise). — 32, rue des Francs-Bourgeois, Paris.

544 Vue du Puy-de-Dôme.
545 Vue des ruines de Pierrefonds.

GOUBOT, Claude, né à Paris. — 6, rue de Latour-d'Auvergne.

*546 Le Méridien de France (des pyramides de son passage à Paris).
*547 Steamers. 6 études.
*548 Dieppe (Seine-Inférieure). 3 études.
*549 Les Filets (Dieppe, Seine-Inférieure), à marée basse.
550 Seize francs d'amende et les frais. Appartient à Mme Chéry.
*551 Le courrier des Indes Néerlandaises entrant dans le Zuyder-Zée.

*552 Le lendemain de la tempête. Souvenir du 12 novembre 1891, à Dieppe.
*553 La Balise *Richelieu*. Entrée de La Rochelle (Charente-Inférieure).

GREMAIN, Alexis-Désiré, né à Rosendaël-Dunkerque (Nord). — 8, villa Michel-Ange, Auteuil.

*554 En Normandie.
*555 Etude d'hiver.
*556 A Chatou.
*557 Au bois.
*558 Etude.
*559 Etude à Pecquencourt.
*560 Dans les champs. Etude.
*561 Deux études. Aquarelle.

GREILSAMER, Alphonse, né à St-Etienne (Loire). — 23, rue Clauzel, Paris.

*562 La Marne, à Lagny. Matin.
*563 Sur la Berge. Temps pluvieux.
*564 Matin sur la Marne.
*565 Bords de la Marne. Matin.
*566 Au Mont-Valérien. Après l'orage.
*567 Sur la Marne. Après la pluie.
*568 La maisonnette.

GSELL, Henri-Alfred, né en Suisse. — 61, rue Lepic.

569 Etudes. 4 têtes.
570 Hiver, femme près cheminée.

GUÉRARD, Amédée, né à Sens (Yonne). — 27, rue Caulaincourt, Paris.

*571 La leçon de morale.
*572 Méditation.

GUÉRIN, René, né à Orléans. — 362, rue Saint-Honoré, Paris.

*573 Le Réveil d'une Ondine.
574 Coquette.

GUÉRIN des LONGRAIS, Pierre-Charles, né à Vimoutiers (Orne). — 174, rue du Faubourg Saint-Denis, Paris.

*575 Livre X, chapitre III, *Notre-Dame de Paris* (Victor Hugo).
*576 Place Clichy, de 8 à 9 heures, le matin.
*577 Sur la route du pèlerinage de Notre-Dame-des-Anges (Montfermeil).
*578 Libre échange.
*579 A la recherche d'une position sociale.
*580 Il y a marchand à deux francs.
581 Un brocanteur. Appartient à M. G. Monier.
*582 Sur les bords de la Marne.
*583 L'Étang des Septiles (Montfermeil).

GUILLOT, Jean-Vital, né à Issoire (Puy-de-Dôme). — 111, route de Versailles, à Boulogne (Seine).

*584 Les sœurs ennemies.

Voir le discours de Thiers sur le sort de l'œuf de la République naissante. Son ombre jointe à celle de Lazare Carnot, célèbre organisateur planent et regardent l'œuvre s'accomplir glorieusement !!!

*585 La baignade.

La répression est limitée aux bornes départementales, les grenouilles s'en donnent !!!

GUILLOUX, Charles, né à Paris. — 35, quai de la Tournelle.

586 L'Allée d'eau.
587 Calme rose.
588 La Tourmente.
589 L'Hyperboloïde.
590 Finale spécieux.
591 La Prairie.
592 La Mal'aria.
593 Funérailles héroïques.

GUINEA, Anselmo, né à Bilbao (Espagne). — 15, rue Pierre-Ginier, impasse Hélène, Paris.

*594 Repos.
*595 Olaveaga. Port de Bilbao.
*596 A la place Blanche.
*597 Faucheuses.

HALLION, Eugène, né à Baccarat (Meurthe-et-Moselle). — 108, Grande-rue, à Sèvres (Seine-et-Oise).

*598 Le Bosquet aux Chevreuils. Été.
*599 Le bois des Bouleaux. Fin d'automne. Aquarelle.

HAWKINS, Louis-Welden, né à Stuttgard. — 23, boulevard Gouvion-St-Cyr, Paris.

600 Puteau. Etude.
601 Le Pont-Neuf, Brume. Etude.
602 Port-Navalo. Etude.

603 Etude d'Arbres.
604 Etude de Paris.
605 Etude de Paris.
606 Etude de Paris.
607 Etude de Bretagne.
608 Etude de Bretagne.

HÉBERT, Edouard-Ernest-Paulin, né à Paris. — 4, rue Fourcroy.

609 Croquis (Normandie). Dessin.
610 Croquis (Bretagne). Dessin.
611 La Femme au chapelet. Dessin.
612 L'Offrande à la Madone. Peinture
613 Fantaisie.
614 La Porette.

HESBERT (Mme), Emilie, née à Paris. — 50 *bis*, avenue de la Grande-Armée.

*615 Soleil couchant.
*616 Paysage.

HUBER, Edouard-Louis, né à Altona (parents français). — 14, rue Doudeauville.

617 Bords de la Marne, à Champigny.
618 La ferme de Plailly (Oise).
619 Sphynx et Pyramide, Egypte.
620 Cabane de bûcherons, à Marne, près de Ville-d'Avray.
621 Vue prise dans la Haute-Marne.

IBELS, Henri-Gabriel, né à Paris, 66, Faubourg-Poissonnière.

622 Dessins et Eau forte.

*623 Étude de Lutteurs. Pastel.
*624 Deux dessins humoristiques.
*625 Paysage.
*626 Leo Gausson. Cire peinte.
627 Les « bonnes dames ». Eau forte et Lithographie.
*628 Éventail.
*629 Pommes.
*630 Pommes.
*631 Bibelot hystérique. Cire peinte.

IEHL, Henri, né à Paris. — 343, rue des Pyrénées.

632 Fruits.
633 Nature morte.

IKER, Alphonse-Ernest, né è Paris. — 2, rue Dorian.

634 Paul Wacquez. Portrait.
635 Petite fille en rouge. Portrait. (Appartient à M. Lamy).
636 Effet de soleil et brume. Paysage, 1886. (Appartient à M. Nicolas).
637 Portrait de Mme E. Cadilhon.

JAUDIN, Henri, né à Paris. — 120, avenue de Villiers.

*638 La prison du château, Vitré (Ille-et-Vilaine).
*639 Effet de brouillard. Vitré (Ille-et-Vilaine).
*640 L'Église de Lehon, près Dinan (Côtes-du Nord).
*641 La Seine à Bougival.

JOUANNY, Paul, né à Paris. — 178, rue de la Pompe.

642 Plage du Corail (Saint-Raphaël).
643 Ruisseau à Fréjus.

JUSSY, Georges, né à Paris. — 2, rue des Haudriettes.

*644 Intérieur.
*645 Notre-Dame.
*646 L'écluse de la Monnaie (matinée de septembre).
*647 Ile Saint-Denis.

KIREEVSKY (Mlle), Nathalie, née à Moscou, 65, avenue Marceau, Paris.

*648 Diane.
649 En attendant le bac de Kracino (Russie).
*650 A Nice dans un jardin.

LACHENY, Edward, né à Etampes (Seine-et-Oise). — 34, rue de la Boucherie, Etampes.

*651 La Beauce, environs d'Angerville (Seine-et-Oise).
*652 Le Jour des Rameaux. Etude.
*653 Au Printemps.
*654 Vase de fleurs.
655 Fleurs. (Appartient à M. Paul Dupuis, d'Etampes).
656 Nature Morte. (Appartient à M. N. D.).
*657 Giroflées.
*658 Œillets.
*659 Iris. Etude.
*660 La jeune fille aux Chrysanthèmes.

LAGARDE, Lucien, né à Vannes (Morbihan). — 21, rue Campagne-Première.

661 Portrait de Mlle Françoise L...
662 Portrait de Mme B... (Aquarelle).
663 Quand le vin est tiré il faut le boire. Appartient à M. A. Pétrot.
664 La Légende de Saint-Vincent-Ferrier. Appartient à Mme U...
***665** Avant le Départ.
666 Les retraités de la douane (appartient à Mme J. Plet).
667 Etude de paysage (aquarelle).

LANOË, Georges, né à Nantes. — 203, boulevard Raspail, Paris.

***668** Etang breton, à Lambezellec (Finistère).

LASELLAZ, Gustave, né à Paris. — 23, boulevard Gouvion-Saint-Cyr.

669 La Faute de l'abbé Mouret. (Tiré du roman de M. E. Zola).
670 Fin du jour ; au marché de la Madeleine.
671 La Rencontre.
672 Les Confitures.
673 Le Cellier.
674 Nérine.
675 Environs de Mantes.
676 Pierres celtiques.

LECLERCQ, Théodore, né à Oresmaux (Somme). — 10, rue du Regard, Paris.

677 Indécision.
678 Portrait de Mme L...
679 Bébé.

LEFEBVRE-LOURDET, Maurice, né à Paris. — 82, boulevard de Clichy.

***680** Robe crevette.
***681** Robe mauve.

LEGUAY, Charles-Henri, né à Paris. — 29, rue de Turin.

682 Rencontre au bois.
683 Grandes manœuvres.

LEJEUNE, Edouard-Angel, né à Caen (Calvados). — 26, rue des Jardies, à Bellevue (Seine-et-Oise).

***684** Chemin de la carrière.
***685** Au Bas-Meudon (étude). Panneau.
***686** Au bois de Bellevue (étude). Panneau.
***687** Vue de Bellevue, sur Billancourt (étude).
***688** Chemin sur le plateau des Bruyères (petite gelée).
***689** Chêne dans les taillis au bois de Meudon (première neige).
***690** Une mare au bois de Meudon (première neige).
691 La neige sur le plateau des Bruyères à Bellevue. (Appartient à M. Wisler).
***692** Chemin dans le taillis (grande étude).
***693** Toujours en plein taillis (Bellevue), étude.

LEMMEN, Georges. — 220, rue Verte, Bruxelles.

*694 Fête foraine (motif de décor).
695 Portrait de jeune fille.
696 M. Émile Verhaeren.
*697 Au piano. Dessin.
*698 Concert marocain. Lithographie.
*699 La lampe. Lithogaphie.
*700 Vaisseau-Fantôme. Lithographie.

LESSORE, Henri-Émile, né à Paris. — 2, quai de Gesvres, atelier 21, quai Bourbon.

701 La Tricoteuse. Esquisse.
702 Le point de vue du chemin Carnot. Forêt de Fontainebleau.
703 Portrait de M. X.
704 La mère Modeste.
705 Grands chênes à la mare aux fées.
706 Charme.
707 Diverses gravures à la pointe sèche.

LE VILLAIN, Auguste-Ernest, né à Paris. — 30, rue Alphonse-de-Neuville.

*708 Une mare, à Combs-la-Ville.
*709 Marine, à St-Vaast-la-Hougue.
*710 La route de la gare.
*711 Bord de l'Hyère.
*712 Automne.
*713 Coucher du soleil.
*714 Le moulin (St-Vaast-la-Hougue).
*715 Morsalines (Manche).

LHUER, Jules-Jean, né à Paris. — 4, rue Las-Cases.

716 Baie de Douarnenez (Finistère).

LOMBARD, Gaetan, né à Paris. — 32, rue Caumartin.

717 La Gorge aux Loups (Fontainebleau).
718 L'Hiver.

LORIN, Georges, né à Auxerre (Yonne). — 7, rue Campagne-Première, Paris.

*719 Soir de reve.
*720 L'Hymne à la lune.
*721 A marée basse.

LOTTIN, Frédérick-A. — 42, rue Boulainvilliers, Passy.

*722 " Ever and Never ". Nature morte.

LUCE, Maximilien, né à Paris. — 6, rue Cortot

723 La Seine à Herblay. Couchant.
724 Intérieur.
725 La Seine à la Frette.
726 Herblay, le quai, soir. (Appartient à M. M.)
727 Croquis. Pastel.
728 Etude. Pastel.
729 Etude. Pastel.
730 Eventail. (Appartient à M. G.).

LYONNET, Henri, né à Dornecy (Nièvre). — 17, rue de Madrid, Paris.

731 Ruisseau d'Armance (Morvan). Aquarelle.

732 Bouquet de roses.
733 Un coin de la rade de Brest. (Finistère.

MADIOL, Adrien-Jean, né à Groningen (Hollande). — Plaine des Tilleuls, Wolunée Saint-Lambert.

734 Le grand-père.

MAILLARD, Th., né à Chatellerault. — 12, rue du Cognet, Chatellerault (Vienne).

*735 Fête d'enfants.

MAISONNEUVE, Paul, né à Tours. — 22, rue Ganneron, Paris.

736 Le rû de Saint-Jean.
737 Une ruelle à Villefranche-sur-mer (Alpes-Maritimes).
738 Nature morte.
739 Nature morte.
740 Rue Sidi-Abdallah, Alger.
741 Quatre mendiants.
742 Prunes et pêches.

MALASSEZ (Mme), Jeanne, née à Paris. — 168, Boulevard Saint-Germain.

743 Fleurs du Midi.
744 Chrysantêmes.
745 Anémones.
746 Brie et Bourgogne.

MALVAL (de), Edouard, né à Lyon. — 18 rue Molitor, Paris.

747 Mise du Christ au tombeau.

MANGIN, Marcel, né à Cherbourg. — 130, boulevard Haussmann, Paris.

748 Femme couchée.
749 Portrait.

MARC (Mme) Mathilde, née à Bordeaux (Gironde). — 14, rue Clapeyron, Paris.

750 Vase italien.
751 Portrait de Mlle M. F...
752 Entrée du Vieux Donjon de Valmont (Seine-Inférieure).

MATHIEU (Mlle) Marie-Alexandrine, née à Nevers (Nièvre). — Marry, près Nevers (Nièvre).

753 A la procession (Berry). Aquarelle).

MAUFRA, Maxime, né à Nantes. — 3 *bis*, rue Bleue.

***754** Le Trou aux Goëlands.
***755** Les Goëmons jaunes.
***756** La Mare près la mer.
***757** Bord de côtes rocheuses.
***758** Marée montante.
***759** La Neige au bord de la mer.
***760** Gros temps.

MAZADE (de), Alexandre, né à Paris. — 107, boulevard Sébastopol.

761 Pelouse du château de Nointel (Seine-et-Oise).
762 Entrée du parc de Pougues (Nièvre). Vue à vol d'oiseau. Vernis Martin.
763 Coteau et église de Montmorency (Seine-et-Oise). Ebauche.
764 Eglise de Beaumont-sur-Oise (Seine-et-Oise).
765 Coin de potager, Beaumont (Seine-et-Oise). (Appartient à M. A. Leduc).

MEIFREN, Eliseo, né à Barcelone (Espagne). — 15, rue Hégésippe-Moreau.

766 Golfe, Naples.
767 Senahuga (Espagne).

MERCIER, Paul-Joseph-Marie, né à Dreux (Eure-et-Loir).
— 37, rue Denfert-Rochereau, Paris.

768 Paysage. Vue de Dieppe.
769 Oranges. Nature morte.
770 Bondons. Nature morte.
771 Marine au Hâvre.

MESPLÈS, Paul-Eugène, né à Paris. — 29, rue Clauzel.

*772 Invitation joviale. Aquarelle.
*773 Entrée de Coryphées.
*774 Un soir d'été.

*775 Etude de liseuse.
*776 Route de Vetheuil.
*777 Rue du Pollet (Dieppe).
*778 La cour au Beurre (Pollet).
*779 Place du Pollet (Dieppe).
*780 Bateau délaissé (Pollet).
*781 Coin du Pollet (Dieppe).

MESUREUR, Noé, né à Boulogne-sur-Mer. — 9, rue Clausel, Pariset à Cucy par Etaples.

*782 Le Chemin de sable du Trépied, à Cucq (Pas-de-Calais).
*783 Le bout d'Etaples (Pas-de-Calais).
*784 Communal Sud de Cucq (Pas-de-Calais).
*785 Le Rieu du Gué, le soir, à Daunes (Pas-de-Calais).

MEUNIÉ, Paul-Henri, né à Paris. — 15, boulevard Berthier.

*786 Clownesse.
*787 De quoi déjeuner.
*788 Fleurs.
*789 Rue Brémontier, neige.
*790 Tête d'étude.
*791 Étude.

MICHON, Edouard-Michel, né à Anet (Eure-et-Loir). — Anet.

792 Savetier.
793 L'Eure à Anet (Eure-et-Loir).

MILLET, James, né à Genève (Suisse) (Français) — 123, boulevard Richard-Lenoir, Paris.

*794 Comice Agricole de Ciré (Charente-Inférieure).
*795 Plaisir du mal.
*796 Derrière la Maison de J.-F. Millet à Barbizon.
*797 La ferme de la Jardy (Seine-et-Oise.)

MONIER, Camille, né à Montpellier. — 12, rue des Artistes, Paris.

798 L'Arnon aux Fougères (Cher).
799 La Baie de Saint-Jean-de-Luz.
800 Prairie, printemps.
801 Le pont de Culan.
802 Maisons au soleil.
803 Un verger.
804 Environs de Saint-Amand.

MOREL, Victor, né à Paris. — 32, rue Saint-Placide.

805 Portrait de Mlle Berthe M... Aquarelle.
806 Portrait de Mme M.... Aquarelle.

MORET, Henry, né à Cherboueg. — Chez M. Blanchet, 20, rue Saint-Benoist, Paris.

807 Faneuses. (Appartient à M. le docteur Marcx.
*808 Braconnier, en Plœmeur.
*809 La brume à Doëlon (Finistère).
*810 La neige à Groix.

***811** Batteurs d'orge.
***812** Ramasseur de pommes de terre.

MOROT, Victor-Paul-Ernest, né à Paris. — 61, rue Lepic.

***813** Environ de Pontoise. Jeunes saules.
***814** Le pont d'Aunet (Seine-et-Marne). Etude.

MOSTERTMAN, Louis, né à Paris. — 18, avenue Trudaine.

***815** Barbillon.
***816** Un thé.
***817** Une rue de Cernay (Seine-et-Oise).
***818** Etude à l'Etang de Griveau.
***819** Orange.
***820** Orange.
***821** Œufs à la Coque.

MOUILLARD, Lucien, né à Paris. — 71, rue de l'Assomption.

822 La nouvelle acquisition (Tunisie).
823 Hassan le Cawadghi (Biskra).
824 Les philosophes à la porte de Gardaïa (Algérie).

MYON, Lucien, né à Paris. — 2, rue de Tocqueville.

***825** Repos.
***826** Etude.

NARDI, François, né à Nice. — 39, rue de Constantinople, Paris.

***827** Quatre vues de Paris.

*828 Le Mourillon (Toulon).
*829 Temps gris en Provence.
*830 Vue prise à la Seyne (Toulon).
*831 La rivière des Amoureux (Toulon).
*832 Balancelles espagnoles.
*833 Quatre petites impressions de Paris.
*834 La ville de Toulon.
*835 Les maisons de la rade (Toulon).
*836 Effet de soleil couchant.

NÉRON-DUVERGER, Maurice-Alexandre, né à Paris.— 9, rue Le Châtelier.

837 Petite statuette de Femme assise, intitulée l'*Incrédule*, plâtre patine, argent.
838 Tête de Femme, étude, plâtre patine, argent, monté sur piédouche bois.

NEYMARK, Gustave, né à Poitiers. — 67, rue Rochechouart, Paris.

*839 Zouave en maraude.

NICOLAS, Auguste-Jules-Marie, né à Brest (Finistère) place de l'Isle-de-Kerléau (Brest).

840 Vieux troncs et jeunes pousses.
841 Sibylle, à Montmartre.

NOEL, Paul, né à Charleville. — Charleville (Belair).

842 Giboulées de mars.

O'CONOR, Roderic, né à Roscommon (Irlande). — Hôtel Gloanec, Pont-Aven (Finistère).

*843 En Bretagne, n° 1.

*844 En Bretagne, n° 2.
*845 En Bretagne, n° 3.
*846 En Bretagne, n° 4.
*847 En Bretagne, n° 5.
*848 Nature morte, n° 1.
*849 Nature morte, n° 2.
*850 Nature morte, n° 3.

OSBERT, Alphonse, né à Paris. — 7 et 9, rue Alain-Chartier.

851 Couchant sur la mer.
852 Dans les champs.
853 Dans les bouleaux le matin.
854 En vue de Pontoise.
855 Dans les sables de Biville (Manche).
856 Marée basse le soir à Diélette (Manche).
857 Route de Chennevières (Seine-et-Oise).
858 Le soir sur la mer.

OSBERT, Edmond. — 38, rue Singer, Paris-Passy.

859 Crépuscule. Fusain.
860 Au large. Fuiasn.

PAQUEAU, Gaston, né à Schiltigheim (Alsace). — 30, rue Notre-Dame-des-Champs, Paris.

861 «Pensive».
862 Au Calvaire.

..... « Près de lui, lentement, Magdeleine est montée » Ch. P.

863 Une Artiste, à Tanagra.
864 Douce ivresse.

PARISOT, Stanislas, né à Brest. — 76, rue de la Pompe, Passy.

***865** L'Ignorée.
***866** Le vieux pavé de Meudon.
***867** Nuages.
***868** Hommage à Victor Hugo. Dessin.

PASCAL, Paul, né à Melun (Seine-et-Marne). — 17, rue Campagne-Première, Paris.
***869** Le chemin de la carrière.
***870** Le soir (dessin).

PAUL, Hermann, né à Paris. — 66, rue de Provence, Paris.

***871** Étude de jeune fille basque.
872 Rayon de ganterie.

PÉLÉZEWSKY, André-Charles-Victor, né à Paris. — 76, boulevard de Clichy.

873 Moulin de Quinquangrogne (Seine-et-Marne). (Appartient à M. Charron).
***874** Bois de Chigny (Seine-et-Marne).

PERRIER, Alexandre, né à Genève (Suisse). — 5, Cité Fénelon (34, Rue Milton).

875 La Prière.
876 L'oiseau chante.

† PERROT, Gustave-Charles-Claude, né à Paris. — 3, Grande-Rue à Villejuif.

877 De Villejuif à Montmartre.
878 Un coin du parc (Arcueil).
879 Coin de mon jardin.
880 Le chemin des Carrières, à Arcueil.
881 Le matin à Arcueil.
882 Paysage pris à Arcueil.
883 Plaine de Villejuif.
884 Le chemin de Gournay à Villejuif.
885 Coin d'auberge, à la Vieille Poste (Seine-et-Oise).
886 La Seine à Athis.
887 Portrait de M. Juglaris.
888 Portrait. Aquarelle.
889 Étude. Fresque.
890 Jeune fille. Étude. Fresque.
891 Au jardin.

PERROT, Jean-Baptiste, né à Autun, (Saône-et-Loire). — 3, Grande-Rue, à Villejuif.

892 Portrait de Mme Perrot.
893 Gustave Perrot, à 20 ans.
894 Gustave Perrot, à 13 ans.
895 Mlle M. Desmoulins.
896 Mme Vve Rémond.
897 M. Chrétien, ingénieur.

PETINIAUD-DUBOS, Charles, né à Limoges. — 76, rue Rochechouart, Paris, et 30 *bis*, rue du Chinchauvaud, Limoges.

898 Ivresse.

899 Environs de Limoges. Pommiers à Champ-Dorat.
900 Laitière.
901 Passage à niveau de la rue du Chinchauvaud, Limoges.
902 En maraude.
903 Panneau décoratif.
904 La fin du roman.

PETITJEAN, Hippolyte, né à Mâcon. — 51, boulevard Saint-Jacques, Paris.

***905** Baigneuses.
906 Portrait.
907 Portrait.
***908** Paysage.

PHILIBERT (Mlle), Marie, née à Paris, 38, rue Le Peletier.

909 Pensées.
910 Environs de Vichy (Allier).
911 Chrysanthèmes.
912 Vue dans le Parc de Saint-Cloud.

PICARD, Jules, né à Paris. — 23, rue Turgot.

913 Lac du Bourget.
914 Pont d'El-Kantara.

PICARD-FOUBERT, Elie-Ernest, né à Paris. — 64 *bis*, rue Dulong.

915 Au bord de la emr.
916 Le poème de la vie. Projet de décoration.

917 Portrait.
918 Mlle Psyché.
919 Seigneur vénitien.
920 Portrait du docteur R. G... fusain rehaussé de pastel.

PICQUEFEU, Roger-François, né à Paris. — 93, avenue Niel, Paris.

*921 Bords de Seine.
*922 Les environs de Cannes (Alpes-Maritimes).
*923 Paysage d'hiver.
*924 La plage de Cabourg (Calvados).
*925 Gros temps à Cabourg (Calvados).
*926 Dans les champs.
*927 Les dunes à Cabourg.

PIERREPONT, Cléry, né à Ecurie (Pas-de-Calais). — 56, boulevard de Port-Royal.

928 Rœlinedurt en Artois. Après midi d'automne (Pas-de-Calais).
929 Environs de Paris, près de Lozère, après midi d'automne (Seine-et-Oise).
930 Effet d'Hiver. Parc du Château de Glanville (Calvados).
931 Moulin à Draumesnil. Effet du soir (Somme).

PIERRE-ROCHE, né à Paris. — 52, rue Vanneau.

932 Pour une illustration de *Mes Hôpitaux*, par Paul Verlaine.
933 Paysage d'après Verlaine.

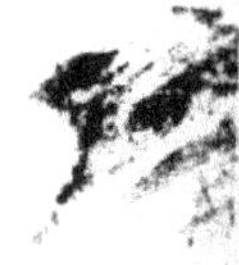

PISSARRO, Lucien, né à Paris. — 7, Colville Square, Bayswater, Londres.

*934 Children in Hyde Park.
*935 Jardin à Eragny.
*936 Les Crocus.
*937 Après-midi d'avril, à Bazincourt.

PITOY, Alfred-Charles, né à Scey-sur-Saône (Haute-Saône). — 25, rue de la Voie Verte (Petit-Montrouge).

938 Nature morte.
939 Portrait de Gaston.
940 Paysage, vue prise à Fresnes.

POZIER, Jacinthe, né à Paris.— Avenue Richerand, 16.

*941 Allant traire.
*942 La rivière d'Epte à l'usine de Droittecourt.
*943 Tournant de l'Epte à Eragny.
*944 Printemps.
*945 La Seine à Epinay.
*946 Un Calvaire à Bazincourt (Eure).
*947 Saules émondés.
*948 Puits d'extraction à Carrière-St-Denis.
*949 Matinée d'automne à Bazincourt (Eure).
*950 La Cavée, le soir, à Eragny.

PRIEUR, Félix-Jules, né à Paris. — 10, rue des Vosges.

*951 Nature morte.
952 Lapin et Perdreau.
953 Chrysanthèmes.

PROVINS, Oscar. — A Bapeaume.

954 Portrait de Mme X...

QUILLET, Ferdinand, né à Niort (Deux-Sèvres). — 33, rue des Apennins, Paris.

955 Mme A. Chérau.
956 M. Ch. Guyon.
957 Coin Sautay à Niort (Deux-Sèvres).
958 Bords du Mignon, à Antigny (Deux-Sèvres).
959 Entrée du port Saint-Martin (Ile de Ré).
960 Enterrement du nouveau-né, à Saint-Liguaire (Deux-Sèvres).

RANFT, Richard, né à Genève. — Sannois (Seine-et-Oise).

*961 Le Soir aux champs.
*962 Beau jour en février.
*963 Petites secousses.
*964 La nuit. (Ballet).
*965 Sables-d'Olonne.
*966 La brume sur le côteau.
*967 Crépuscule.
*968 Route blanche .
*969 Soleil d'hiver.

RANSON (Paul-Elie), né à Limoges. — 25, boulevard du Montparnasse, Paris.

*970 Lustral, mai 1891.
*971 Sybille, juin 1891.
*972 Schouchanah, janvier 1891.

*973 Rochers en Esqual-Herria, novembre 1891.
*974 La Leçon, 1890.
*975 Kentron, avril 1891.
*976 L'Initiation (éventail), décembre 1889.
*977 Le Nabi, février 1890.

RASETTI, Georges, né à Paris. — 11, avenue des Tilleuls.

978 Le soir.
979 Le mil.
980 Marche religieuse.
981 Sainte-Marguerite.
982 L'heure verte.

RASTOUX, Jules, né à Nimes. — 12, rue de l'Écluse, Nimes.

983 Portrait de M. Jamin, sculpteur, à Nimes.
*984 Jeune fille cueillant des fleurs.

REGNIER, Ludovic, né à Paris. — 7, rue Alain-Chartier.

985 Suite de sept études : 1, Lisière de Bois-Meudon. 2, Source en Berry. 3, Automne, Berry. 4, Roches, Fontainebleau. 5, Le vieux pont de la Rigole, Igny (Seine-et-Oise). 6, Chemin en Berry. 7, Blés coupés, Berry. (Appartient à Mme R.
*986 Fleurs des champs.
987 Poirier en fleurs. (Appartient à M. J. V.)

988 Cinéraires. (Appartient à M. J. V.)
***989** Pavots vivaces.
***990** Pensées.
***991** Coin de jardin.

REGOYOS, de Dario, né à Saint-Sébastien (Espagne). — 1, Hernani, Saint-Sébastien

992 Danse lourde (Asturies).
993 Dessins.
994 Zortzico, air de flûte (Biscaie).
995 Croyante.
996 Porteur d'étendard.
997 Cercueil en gare.
998 A la porte d'une église.

RENAULT, Jacques, né à Versailles. — 5, rue de l'Abbé-de-l'Epée, Paris.

999 Chassée du toit paternel.
1000 Saulaie, à Clairfontaine.

RICHARD, Jules-Gédéon, né à Paris. — 37, quai des Grands-Augustins.

***1001** Le petit pont à l'Ile Saint-Pierre. — (Alfortville).
***1002** Soleil et brouillard.
***1003** Sous bois. Appartient à M. Besnier.
***1004** Les premières feuilles. Etude de peupliers

RIVIÈRE, Charles, né à Orléans (Loire). — 24, boulevard Richard-Lenoir, Paris.

1005 Rue de village, près Château-Thierry (Aisne).
1006 Fromages.

ROBERT, Armand-Auguste, né à la Ferté-sur-Aube (Haute-Marne). — 45, rue Vavin, Paris.

*1007 Vieux saules sur les bords de l'Aube.
*1008 La Fosse de la Prairie, à la Ferté-sur-Aube.

ROBERT, Eugène, né à Paris. — 25, rue Clapeyron.

1009 L'Oise à Pontoise.
1010 Le vieux moulin de Villefranche.
1011 Le port de Nice.
1012 Le marché du Cours, à Nice.
1013 Falicou.
1014 Chemin de Saint-André.

ROBIN, Louis, né à Villefranche (Rhône). — 23, rue Oudinot, Paris.

1015 Une jeune mère.

ROUGÉ (Mme de), Julie, né à Paris. — 19, quai Bourbon.

1016 Les Flammiers, près Reims (Marne). Aquarelle.
1017 Tinqueux, près Reims (Marne). Aquarelle.

ROUILLE, Léon, né à Josselin (Morbihan). — 20, place des Halles, Ancenis (Loire-Inférieure).

*1018 Matinée de juillet au bord de la Loire.
*1019 Environs d'Ancenis (4 pochades dans un cadre).

ROUSSEAU, Henri, né à Laval. — 18 *bis*, impasse du Maine Paris.

***1020** Un centenaire de l'indépendance.

Le peuple danse autour des deux Républiques, celle de 1792 et celle de 1892 se donnant la main sur l'air de « Auprès de ma blonde, qu'il fait bon, fait bon, fait bon, etc. »

1021 Portrait de Mlle Jeanne (Appartient à M. R...)

1022 Portrait de Mme L...

***1023** Vue de la porte du Bas-Meudon, après la pluie.

***1024** Vue du pont de Grenelle (Trocadéro).

1025 Débardeurs. Dessin. (Appartient à mon ami Claude Goubet).

ROUSSEL, Henri-François, né à Paris. — 122, rue d'Assas.

1026 Saules et Peupliers.

1027 Champ de Coquelicots.

1028 Effet de brouillard.

1029 Bords de la Seine à Bonnières.

1030 Barrière dans un pré.

1031 Allée de jardin.

1032 Maisons à Glaton.

ROY, Louis, né à Poligny (Jura). — 213, rue Lafayette, Paris.

1033 Paysans.

1034 La Vallée de Vaux sur Poligny.

1035 Etude dans le Jura.

RUSINOL, Santiago, né à Barcelone (Espagne) — Moulin de la Galette, Montmartre.

*1036 Une Malade.
*1037 Cour de Sitges (Espagne).
*1038 Intérieur en Sitges (Espagne).
*1039 Le Cimetière de Consuegra (Espagne).
*1040 Le Tir.
*1041 La Plaine de Saint-Ouen.
*1042 En plein air.
*1043 Etude.

SAINT-BIÉ, Henri, né à Ecommoy (Sarthe). — 40, rue de Longchamps (Neuilly).

1044 Poules.
1045 Quai de Puteaux.
1046 La Seine à Puteaux.
1047 Sous bois.
1048 Paysanne et poules.
1049 La Plaine à Rueil (Seine-et-Oise).

SAINT-HÉRAN (Mme), Madeleine, née à La Combe (Allier). — 147, avenue de Villiers, Paris.

*1050 Portrait d'Henriette.

SARDA, Henry, né à Lons-le-Saulnier. — 73, rue du Bourg, Bar-le-Duc.

1051 Amour et Fleurs.
1052 Souvenir du Sénégal.

SCHAECK, Paul, né à Paris. — 7, rue du Cardinal-Lemoine.

*1053 Cabane Comtesse (bois de Mangiennes (Meuse).
*1054 Rue Adam (Mangiennes (Meuse).
*1055 Tuilerie (Mangiennes (Meuse).

SCHLAICH, Alfred, né à Paris. — 56, rue de Paris, à Vincennes (Seine).

1056 Les Tuileries.
1057 Au pont national.
1058 Boulevard Henri IV.
1059 Portraits.
1060 Portraits.
1061 Portraits.
1062 Le soir.

SÉGUIN, Arsène, né à Saint-Malo. — 10, rue des Buissons, La Garenne-Colombes.

*1063 La Seine à l'île Saint-Ouen (Saint-Denis).
*1064 La Seine à l'île Saint-Denis.
*1065 Paturage.

SERENDAT de BELZIM, né à Port-Louis (Ile Maurice). — 31, avenue de Villiers, Paris.

1066 Portrait de Mme M. J...
*1067 Prière à Sainte-Anne.
*1068 Fin de flirt.
*1069 Nereide.
1070 Portrait de Mlle M. H...

*1071 Pour la France.
1072 Portrait de M. Ch. Boyer.

SERRET, Charles-Emmanuel, né à Aubenas (Ardèche). — 53, boulevard Bineau, Neuilly.

1073 La lutte.
1074 La conversation.
1075 Attendre son tour.
1076 Comment t'appelles-tu ?
1077 La comédie.
1078 Le journal à la campagne.
1079 Les petites chasseresses.
1080 La sœur aînée.

† SEURAT, Georges. — 1859-1891.

1081 Une Baignade (1884), prêté par Mme Seurat.
1082 Un Dimanche à la Grande-Jatte, 1884, (1886) prêté par Mme Seurat.
1083 Esquisse des « Poseuses » (1888), prêté par M. Jules Christophe.
1084 Parade de cirque (1888), prêté par Mme Seurat.
*1085 Jeune femme se poudrant (1889).
1086 Esquisse du « Chahut » (1890) prêté par M. P. S.
1087 Cirque (1891) prêté par Mme Seurat.

BORDS DE SEINE

1088 Etude pour « Un dimanche à la Grande-Jatte » (1884), prêté par M. Appert.
1089 La Seine à Courbevoie (1885), prêté par M. P. S.

1090 Le pont de Courbevoie (1886), prêté par M. Arsène Alexandre.
1091 Temps gris à la Grande-Jatte (1888), prêté par M. Séon.

GRAND CAMP (1885)

1092 La Rade, prêté par Mme Seurat.
*1093 Le Soir.

HONFLEUR (1886)

1094 Coin d'un bassin, prêté par M. Emile Verhaeren.
1095 L'hospice et le phare, prêté par M. Emile Verhaeren.
*1096 Entrée du port.
*1097 La Maria.

PORT-EN-BESSIN (1888)

*1098 Un Dimanche.
*1099 Le pont et les quais.
1100 L'avant-port, marée haute, prêté par Mme Seurat.
1101 L'avant-port, marée basse, prêté par M. de la Hault.
1102 Les Grues et la Percée, prêté par Mme Seurat.

CROTOY (1889)

1103 Aval prêté par M. Edmond Picard.
1104 Amont, prêté par Mme Seurat.

LE CHENAL DE GRAVELINES (1890)

1105 Petit fort Philippe, prêté par Mme Seurat.
1106 Direction de la mer, prêté par M. Braun
1107 Un soir, prêté par M. Monnom.

ÉTUDES ET CROQUETONS

1108 Les pêcheurs, prêté par Mme Appert.
*1109 Casseur de pierres.
*1110 Baignade.
*1111 Rue Saint-Vincent.
1112 Baignade, prêté par Mme Seurat.
1113 Courbevoie, prêté par M. Seurat.
1114 A la Grande-Jatte, prêté par Mme H. S.
1115 Poseuse, prêté par Mme Seurat.
1116 Poseuse, prêté par M. F. F.

DESSINS

1117	Portrait	prêté par	Mme Seurat.
1118	Broderie	id.	id.
1119	La Grande-Jatte	id.	id.
1120	Femme cousant	id.	id.
1121	Dineur.	id.	id.
1122	Lecture	id.	id.
1123	Écuyère de cirque	id.	id.

1124 Paul Signac, prêté par M. P. S.
*1125 Café-concert.
*1126 Café-concert.

SIGNAC, Paul, né à Paris. — 15, impasse Hélène.

Op. 227, 219, 220, 222, 221, 218, 215.

*1127 Arabesques pour une salle de toilette. (Peinture à l'encaustique).

*1128 Matin, Concarneau.
*1129 Soir, id.
1130 Brise, id. (à Mme Monnoin).
*1131 Calme, id.
1132 Rentrée, id. (à M. de Greef).
1133 Eventail, Herblay (à Mme H. S...).

SIGNARD, Claude, né à Gray (Haute-Saône). — 10, rue Lécluse, Paris.

*1134 Bouquet de roses.
*1135 Fleurs.

SON, Johannès, né à Lyon. — Bourg (Ain) et 4, rue de Seine, Paris.

*1136 Matinée à Neuville sur Ain.
*1137 Bords de l'Ain, à Pont-d'Ain.
*1138 Le Village de Neuville, au matin.
*1139 Le Suran, près de Varambon (Ain).
*1140 Bois de Bouleaux, à Marlieu, (Ain). Fin d'hiver.
*1141 Les Coquelicots, au soleil du matin.
*1142 Les Etangs de St-Germain. Fin d'hiver.
*1143 Cour de Ferme, dans la Loire.
*1144 Les Grands Rochers, à Poncin. Temps gris.
*1145 Fleurs.

SOULEY-DARQUÉ (Mme), Marguerite, née à Dax. — 219, boulevard Pereire, Paris.

1146 Le père Duperrat.
1147 Songeuse.

1148 Réveil.
1149 Confidences.
1150 Portrait de Mlle C. F...
1151 Portrait de Mlle C. M...
1152 Le chapelet.
1153 Porte de jardin.

TARTARAD, Georges-Oscar, né à Sainville (Eure-et-Loir). — Bourron (Seine-et-Marne).

***1154** Hallali de cerf.

TENAILLE, Louis, né à Marcilly (Haute-Marne). — Boulevard Richard-Lenoir, 117.

***1155** Le premier jour de bonheur.
***1156** L'Enfer.
***1157** L'Envie.
***1158** Le petit Chaperon Rouge.
***1159** Nuit d'été à Marcilly.
1160 Les Bouilleurs de crû.
1161 Coin de parc à Montreuil. Etude.

TESSIER, Pierre-Léon, né à Paris, 66 *bis*, rue Spontini.

1162 Un fait divers. Pastel.
1163 Intérieur de ferme près Sens (Yonne). Peinture.
1164 La rade de Bordeaux, Esquisse.
1165 Une vue de ma fenêtre (Trocadéro). Etude. Peinture.

TOOROP, Y. H., né à Java. — Katwyk-sur-Mer (Hollande).

1166 Marée haute.

TOULOUSE-LAUTREC (de), Henri, né à Albi (Tarn). — 27, rue Caulaincourt, Paris.

1167 La Goulue et sa sœur (Moulin-Rouge).
1168 La Goulue : repos entre deux tours de valse (Moulin-Rouge).
1169 La Goulue entrant au Moulin-Rouge.
1170 Celle qui se peigne (nº 1).
1171 Celle qui se peigne (nº 2).
1172 Femme brune.
1173 Affiche pour le Moulin-Rouge (2e état).

TRAVERS, Désiré-Louis, né à Brest. — 12, rue de Chabrol, Paris.

***1174** Baie de Bertheaume (Finistère). Division cuirassée rentrant à Brest.
***1175** Division cuirassée engagée dans le passage du Four (Finistère). Effet de nuit.
1176 Cuisine en sous-sol au château du Chevain (Sarthe). Appartient à Mme Levasseur-St-Albin.
***1177** Saint-Valery-sur-Somme. Vue prise du Crotoy.
***1178** Le petit port du Crotoy (Somme). Vue prise de la Digue.

TRILHE, Ernest-Félix, né à Paris. — 54, route de Chatou, Le Vésinet.

1179 Portrait de Madame B. L...
1180 Le matin du départ.

URBAN (Mme), Ernesta, née à Vienne (Autriche). — 7, villa Michel-Ange, Auteuil.

***1181** Pensierosa.

VALTON, Edmond-Eugène, né à Paris. — 131, avenue Parmentier.

1182 Portrait. (Appartient à M. Ch. Morin).
***1183** Le Rêve de Muguette (illustrations pour le poème d'Adolphe Vard).
***1184** Deux Invalides.
***1185** L'Abreuvoir du quai des Célestins à Paris.
***1186** Grand père.
***1187** Notes de voyage.
***1188** Sous bois
***1189** Fleurs.
***1190** Premier jouet.

VAN IMSCHOOT, Edouard. — 74, rue Cardinal-Lemoine.

1191 Paysage, Bas-Meudon.
1192 Paysage, Bords de la Seine.
1193 La Marne à Charenton. La tête de chien.
1194 Ville de Gien, vue des bords de la Loire.
1195 L'Arc de Triomphe de l'Etoile. Premiers rayons de soleil couchant
1196 L'Ile Saint-Germain, Bas-Meudon.

VAN RYSSELBERGHE, Théo, né à Bruxelles. — 422, avenue Louise (Bruxelles).

1197 Portrait de Mme V. R...
1198 Portrait de M. Em. Verhaeren.
1199 Portrait de Mlle A. B...
1200 Portrait de M. A. D...
1201 Paysage.

1202 Dessin.
1203 Profil d'enfant.

VASCO, Henri, né à Saint-Dié. — 10, rue Jean-de-Beauvais, Paris.

1204 Chevreuil mort.

VERKADE, Jan, né à Zaandam (Hollande). — 9, rue Clauzel.

*1205 Portrait.
*1206 Paysage.
*1207 Projet de menu.
*1208 Paysage.

VILLÉON (de la), Emmanuel, né à Fougères (Ille-et-Vilaine). — 30, rue Guillaume-Tell, Paris.

1209 Fileuses.

VINCENT, né à Clamecy (Nièvre).

1210 Nature morte.

VINCENT-DARASSE, Paul, né à Ville-d'Avray (Seine-et-Oise). — 14, rue de l'Ecluse, Isle-Adam (Seine-et-Oise).

*1211 Passage du Gouas (Noirmoutiers). Pastel.
*1212 Bois de la Chaise (Noirmoutiers).

WAIDMANN, Pierre, né à Remiremont (Vosges). — 66, rue de Lisbonne.

*1213 Soleil d'hiver.
*1214 Le Soir sous bois.
*1215 La Lagune (Venise).
* — Petit canal (Venise).
— Monte Pelegrino (Palerme).
* — Pompeï.
* — Solunto (Sicile).
* — Via Appia (Rome).

WARRENER, William, né à Lincoln (Angleterre). — 13, rue Ravignan.

1216 Clair de lune en janvier.
1217 Trois études. Nu au soleil.

WERTHEIMER, Gustave, né à Vienne (Autriche). — 38, rue Rochechouart, Paris.

1218 Portrait de M. P...
1219 Portrait de M. W...
1220 Port d'Ostende.
1221 Persepolis.
1222 Expédition nocturne.
1223 Marée basse.
1224 Tete de lion.

WILLUMSEN, Jens-Ferdinand, né à Copenhague. — 13, rue Charlet, Paris.

1225 Composition céramique, homme, femme et enfant. La loi éternelle de la procréation.

YMART, Marguerite, née à Castres (Tarn). — 22, rue Ganneron, pavillon G, Paris.

1226 Nature morte.
1227 Nature morte.

ZULOAGA, Ignacio, né à Eibar (Espagne). — 15, Impasse Hélène, Paris.

1228 Portrait de M. Louis Penicault, dessinateur de sport.
*1229 Peu de chance.
1230 Un Vagabond. (Propriété de M. Penicault.)
*1231 Les Fortifications à Saint-Ouen.
*1232 Boulevards extérieurs.

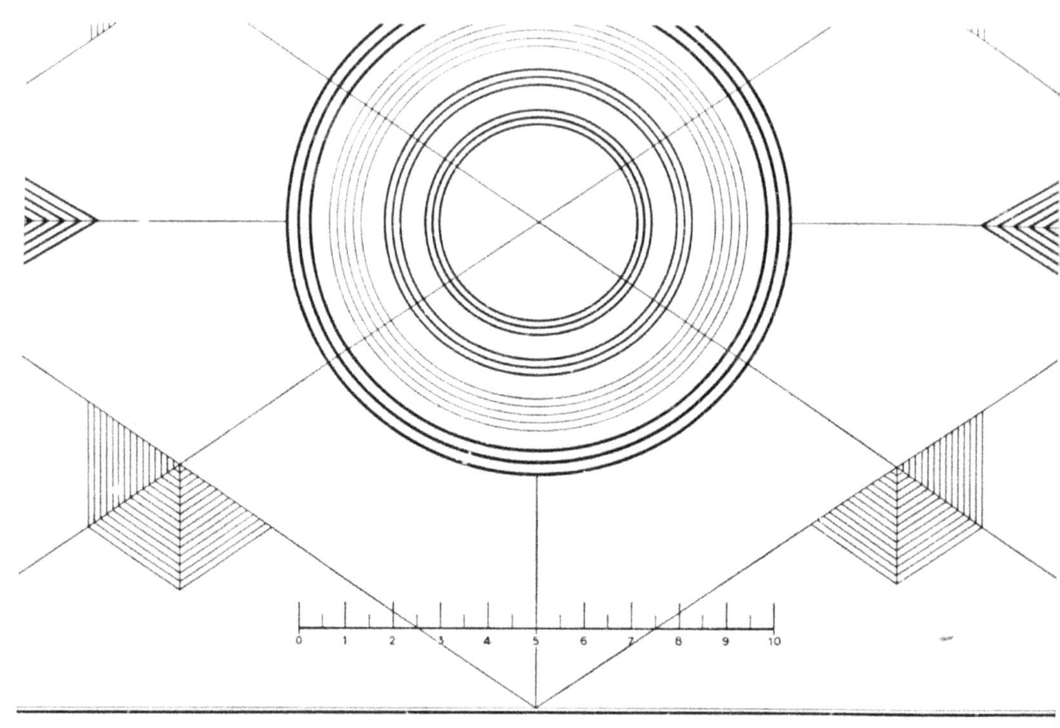

SERVICE PHOTOGRAPHIQUE

www.ingramcontent.com/pod-product-compliance
Ingram Content Group UK Ltd.
Pitfield, Milton Keynes, MK11 3LW, UK
UKHW022106170726
13837UKWH00003B/1092